W0046409

Oh, es riecht gut ...
Das kleine Buch vom Zimt

Oh, es riecht gut ...

Das kleine Buch vom Zimt

benno

Bibliografische Information der Deutschen Nationalbibliothek
Die Deutsche Nationalbibliothek verzeichnet diese Publikation
in der Deutschen Nationalbibliografie; detaillierte bibliografische
Daten sind im Internet über http://dnb.d-nb.de abrufbar.

Besuchen Sie uns im Internet:
www.st-benno.de

Gern informieren wir Sie unverbindlich und aktuell auch in unserem
Newsletter zum Verlagsprogramm, zu Neuerscheinungen
und Aktionen. Einfach anmelden unter www.vivat.de.

ISBN 978-3-7462-6440-0

© St. Benno Verlag GmbH, Leipzig
Zusammenstellung: Volker Bauch, Gößnitz
Umschlagabbildung: © stock.adobe.com/malkovkosta;
© stock.adobe.com/Alfazet Chronicles (Illustrationen)
Umschlaggestaltung: Rungwerth Design, Düsseldorf
Gestaltung & Gesamtherstellung: Kontext, Dresden (A)

Inhalt

Schneestern, Zimtstern, Weihnachtsstern

So viele Sterne sieht man kaum
wie in der Weihnachtszeit.
Man schmückt mit ihnen manchen Raum
(natürlich auch den Weihnachtsbaum),
und wenn es draußen schneit,
so sind die Flocken sternengleich,
schaut man sie näher an.
So zart sind sie und flaumig weich –
vergehen irgendwann.

Aus allen Küchen riecht's so süß,
auch schon im Treppenhaus,
nach Zimt und Nüssen und Anis.
Ein Schleckermäulchenparadies.
Dort sticht man Sterne aus,
von Butterteig, den man im Rohr
dann goldbraun backen muss.
Zum Naschen locken sie! Davor
kommt noch ein Zuckerguss.

Zimtsterne müssen einfach sein,
den bunten Teller schmücken.
Kein andres Sternchen kann so fein
zur Weihnachtszeit beglücken.

Dann noch ein Stern, der flammend rot,
den Räumen Farbe gibt.
Er kommt von fern. Ist ein Exot.
Als Weihnachtsstern beliebt.
Zur Weihnachtszeit, so sternenreich,
sind Sterne uns nicht fern.
Und unsre Erde, im Vergleich,
ist selber auch ein Stern!

Monika Pauderer

Zimt

Der Zimt ist eines der eigenartigsten Gewürze. Seine Lieferanten sind einige Gewächse der Pflanzengattung Cinnamomum aus der Familie der Lorbeergewächse (Lauraceae), vor allem der Ceylon- oder Echte Zimtbaum (Cinnamomum verum) und die Kassia oder der Chinesische Zimtbaum (Cinnamomum aromaticum). Beide Gewächse sind bis zu zehn Meter hohe tropische Bäume mit lorbeerähnlichen Blättern, die dicklich und lederig, länglich zugespitzt und ganzrandig sind, und winzigen Blüten, deren Duft von den einen als angenehm, von anderen als widerlich beschrieben wird – je nach Geschmack. Der Chinesische Zimtbaum ist im allgemeinen etwas größer als sein Vetter aus Ceylon, seine Blätter sind länger, sein würzender Geschmack ist gröber. Auf den Weltmärkten ist Ceylonzimt, der feine exquisit schmeckende, am begehrtesten, und das seit vielen hundert Jahren. Doch was ist Zimt, was sind die Zimtstangen, die wir im Handel erhalten? Es handelt sich dabei um die getrockneten und eingerollten inneren Partien der Zweigrinde. In diesen Pflanzenzellen ist der für Zimt charakteristische Inhaltsstoff

(Zimtaldehyd) enthalten, den man mittlerweile auch synthetisch herstellen kann. Die Gewinnung dieses eigentümlichen Gewürzes ist – wie man sich vorstellen kann – kompliziert. Zimt von guter Qualität lässt sich nur von Zweigen erhalten, die etwas mehr als Fingerdicke im Durchmesser haben. Die Rinde wird mit besonderen gebogenen Messern abgeschält; sie muss anschließend zerlegt werden. Nur die hauchdünne Schicht der inneren Pflanzenzellen enthält die begehrten Inhaltsstoffe, die äußere Zimtrinde schmeckt bitter und muss entfernt werden. Die getrocknete Innenrinde allein gelangt als Zimtstange in den Handel. Minderwertige Teile werden zu Zimtpulver vermahlen, das nicht die gleiche Qualität wie die Zimtstangen aufweisen muss.

Obwohl schwierig zu gewinnen, ist Zimt eines der ältesten Gewürze. Kassia wurde bereits zu Beginn des dritten vorchristlichen Jahrtausends in seiner chinesischen Heimat genutzt. In vorchristlicher Zeit wurde dieser Zimt über die Seiden- und Gewürzstraßen Innerasiens in den Nahen Osten exportiert. Vielleicht war Chinesischer Zimt schon in der Mitte des dritten Jahrtausends vor Christus im Zweistromland bekannt. Babylon wurde jedenfalls ein wichtiger Umschlagplatz für die fernöstliche Spezerei. Im Mittelmeerraum übernahmen die Phöniker den Fernhandel mit Zimt. Vor der Zeitenwende war die Kunde vom Ceylonzimt auch in den Nahen Osten gelangt. In der Bibel werden an mehreren Stellen sowohl der Ceylonzimt als auch der Kassiazimt genannt. Ob die Ägypter den Zimt ebenfalls kannten, ist umstritten. Überall im Orient war Zimt ein beliebtes Räuchermittel. Den Griechen und Römern waren beide Arten des Zimtes bekannt, unter anderem als Weingewürz. Die orientalischen Zwischenhändler ließen ihre Kunden über die Herkunft des begehrten Gewürzes im Unklaren; vielleicht wussten sie selbst auch nicht, wo der Zimt wuchs und wie er gewonnen wurde. Auf diese Art und Weise kamen die wildesten Gerüchte über das Gewürz auf, so zum Beispiel die Mär, es gäbe in Arabien Vögel, die aus Zimtstangen ihre Nester bauten und die man töten müsste, um die Nester zerlegen zu können. Diesen mit leichten Abwandlungen von Autoritäten wie Herodot und Aristoteles aufgeschriebenen Geschichten wurde sehr lange Zeit Glauben geschenkt; man kann sie noch in Karl Friedrich Beckers „Weltgeschichte für Kinder und Kinderlehrer" von 1801 nachlesen. Doch war noch während der

Antike bekannt geworden, woher der Zimt wirklich stammt. Die erste richtige Beschreibung davon gab Plinius (gestorben 79 nach Christus). Er stellte klar, dass die Orientalen nur Zwischenhändler für Zimt waren. Dem Bericht ist zu entnehmen, dass abenteuerlustige asiatische Kaufleute sich alljährlich mit ihrer Gewürzladung von Indien aus nach Arabien übers Meer treiben ließen, auf steuer- und segellosen Flößen, allein den Meeresströmungen und den winterlichen Monsunwinden vertrauend. Plinius verschweigt nicht, dass die meisten dieser abenteuerlichen Seefahrten scheiterten und viele Kaufleute zu Tode kamen. Trotzdem blieb diese Form des Seehandels bis ins Mittelalter hinein bestehen; die Kaufleute, die die Seefahrt überlebten, hatten an den Zimtstangen eine „Stange Geld" verdient. Die Römer nannten den Ceylonzimt „canella", was einfach „Röhrchen" bedeutet (sprachlich verwandt ist dies mit „Canelloni", dem Namen einer italienischen Nudelsorte). Aus canella entwickelte sich später das Wort Kaneel, das in Deutschland, vor allem im Norden, als Synonym für den Ceylonzimt bekannt ist. Die ersten Europäer, die die Zimtwälder auf Ceylon sahen, lebten im Mittelalter. Sie gaben Beschreibungen über die Art und Weise der Zimtkultur. Der Zimthandel gelangte in die Hände verschiedener europäischer

Seefahrernationen, so der Holländer, die durch ähnliche Maßnahmen wie bei Muskat und Nelken die Preise für den Zimt künstlich hochhielten. In Mitteleuropa war Zimt damals eine bekannte luxuriöse Spezerei, die auch als Medikament begehrt war, zum Beispiel gegen Lebererkrankungen und Angina pectoris. Die berühmten Fugger aus Augsburg handelten mit Zimt über Land. Von Jakob Fugger wird erzählt, dass er einen auf Kaiser Karl V. ausgestellten Schuldschein vor dessen Augen in einem Feuer aus Zimtstangen verbrannte und seinem Herrn auf diese Weise klarmachte, dass er ihm die Rückzahlung der Schulden erließ.

Als Gewürzregister fand der Zimt schon im Mittelalter einen schier unzertrennlichen Partner, den Zucker. Zimt und Zucker, Zucker und Zimt – diese Kombination, die als Alliteration leicht über die Zunge, als Alimentation durch den Gaumen geht, wurde bereits in der Zimmerschen Chronik aus dem 16. Jahrhundert erwähnt. Zimt und Zucker gehören gemeinsam an Kompott und Milchspeisen (zum Beispiel den Milchreis) und an Hirsebrei, an Gebäck wie die berühmten weihnachtlichen Zimtsterne, Zimtwaffeln und Zimtbrote. Großabnehmer für Zimt sind Getränkehersteller, denn Zimt ist als

Gewürz sowohl in Coca-Cola als auch in Vermouth enthalten. Man kann aber auch im Privathaushalt nach Belieben Zimtstangen in Getränke und Kompott geben – das Zimtöl wird von der Flüssigkeit aus den Stangen gelöst; vor dem Essen oder Trinken legt man dann die Zimtstangen beiseite; denn essen kann man sie nicht. In Europa ist Zimt bei den Engländern, bei den ehemaligen Kolonialherren Ceylons, besonders beliebt. In der asiatischen Küche trifft man auf weitere Verwendungsmöglichkeiten des Zimtes: Kaneel und Kassia sind dort wichtige Fleischgewürze.

Seit rund zweihundert Jahren wird Ceylonzimt im heutigen Sri Lanka in Plantagen angebaut. Merkwürdigerweise gedeiht der kostbare Baum fast ausschließlich auf der südindischen Insel und sonst praktisch nirgends sonst auf der Welt. Man kann Kaneel zweimal pro Jahr ernten, nach den Regenzeiten im Frühjahr und im Herbst.

Zimt wird noch heute in der Medizin verwendet; Cortex Cinnamomi wird gegen Magenerkrankungen verordnet. In den Apotheken trifft man auch auf eine Droge namens Kassia, womit allerdings kein Zimt, sondern die Sennes-Blätter (Cassia angustifolia) aus der Familie der Caesalpiniaceae bezeichnet werden.

Hansjörg Küster

Der Duft von Zimt

1812

Noch nie zuvor hatte Josephine ein so merkwürdiges Gewürz gesehen. Andächtig drehte und wendete sie die kleine, in sich gedrehte braune Stange in ihren Händen. An ihren Fingern blieb eine leicht krümelige Spur zurück. „Zimt", flüsterte sie und ließ sich dieses Wort auf der Zunge zergehen.

Der würzige Duft erfüllte die ganze Backstube ihres Onkels. Die zwei großen Fenster zu ihrer Rechten waren wie immer weit geöffnet, trotz der Kälte und Nässe dieses Novembermorgens. Mit gesenkten Köpfen – die Zylinder und Schuten voran – liefen die Passanten vorbei. Sie blinzelten gegen den Regen an, die Herren verschränkten die Arme schützend vor ihren Mänteln, die Frauen wickelten ihre Schultertücher enger um die langen, locker fallenden Chemisenkleider. Keiner von ihnen warf einen Blick in die Bäckerei. Ob sie vielleicht kurz nach hinten in die Backstube gehen könnte?, überlegte Josephine gerade, doch in diesem Moment schob sich der blonde Schopf der kleinen Mathilde durch das Fenster.

„Guten Morgen, Josephine! Habt ihr offen?" Es fehlte nur noch, dass sie ungeduldig an den Fensterläden rüttelte. Sie konnte nicht älter als zehn sein, benahm sich dafür aber reichlich vorlaut.

Josephine seufzte. „Wonach sieht's denn aus, mh?" Schnell versteckte sie die Zimtstange in einer Schublade unter dem Tresen und sah dem Mädchen entgegen, das nun durch die Tür hereinkam und wie immer seinen älteren Bruder Hermann hinter sich herzog. Beide trugen völlig zerrissene Kleider, waren blass und dreckig. Hermann duckte sich unter dem Türrahmen und wich Josephines Blick aus, als sie ihn grüßte. In den letzten Monaten war er so schnell in die Höhe geschossen, dass sie stets ein wenig erschrak, wenn sie ihn sah. Auch er selbst schien sich mit seiner Größe nicht wohlzufühlen, jedenfalls lief er stark gebückt durch die Stadt.

„Ich habe mich schon gefragt, wo ihr zwei Rotzlöffel heute bleibt." Josephine zwinkerte ihnen verschmitzt zu. Obwohl Mathilde furchtbar ungezogen war und Hermann zu schüchtern, um viel zu sprechen, und obwohl sie nur selten bezahlen konnten, hatte sie die beiden ins Herz geschlossen. „Wie geht es eurer Mutter? Kann sie mittlerweile wieder aufstehen?"

„Ach, wo denkst du hin?" Mathilde rieb sich über ihren auffällig breiten Mund. „Hast du Geduldzettel?"

Josephine schüttelte den Kopf: „Tut mir leid."

„War ja klar", grummelte das Mädchen. „Hätte ich mir schon denken können, als mein liebes Brüderchen heute unsere letzten Teller zertrümmert hat. Das wird kein guter Tag, habe ich mir gesagt."

Sie sprach gern über Hermann, als sei er gar nicht da. Josephine fragte sich, ob es in gewisser Weise nicht auch stimmte.

Sie legte den Kopf schief. „Hast du mir nicht erzählt, dass du die anderen letzte Woche selbst zerschlagen hast, als du wieder einmal wütend warst?"

Mathilde schnaufte. „Was kümmert es mich, was ich letzte Woche getan hab?" Doch sie sah ein wenig betreten zu Boden. „Sind noch Rundstücke von gestern da? Oder irgendwelche anderen Reste?", fragte sie dann überraschend leise.

In diesen Zeiten, in denen selbst die grundlegendsten Zutaten knapp waren, blieb nie etwas vom Vortag übrig, das Josephine hätte verschenken können. Schließlich war sie kaum in der Lage, genug für ihre zahlenden Kunden zu backen. Und doch brachte sie es einfach nicht übers Herz, die beiden wegzuschicken. Die Vorstellung, dass sie hungrig durch die Stadt irren mussten, verursachte ein heftiges Ziehen in ihrem Magen. Also drehte sie sich um und griff nach zwei frischen Brötchen. Im gleichen Moment klingelte das Glöckchen über der Tür.

„Das gibt's doch nicht!", polterte der Neuankömmling los. „Was treibt ihr zwei Lümmel euch hier wieder herum? Ich habe euch schon zehnmal gesagt, dass Bettler in dieser Bäckerei nichts verloren haben! Wegen Schmarotzern wie euch muss der gute Fritz bald schließen! Da werdet ihr euch dann umgucken, wenn ihr ihm das Geschäft kaputt gemacht habt! Wie oft soll ich es euch denn noch sagen?"

„Du brauchst gar nichts zu sagen, mein lieber Fiete", unterbrach Josephine ihn und stemmte die Hände in die Hüften. „Oder haben wir jetzt einen hauseigenen Pförtner, von dem ich noch gar nichts wusste?"

Sie konnte es schlecht ertragen, wenn jemand davon sprach, ihr Onkel könne die Bäckerei aufgeben müssen. Leider geschah das in letzter Zeit immer öfter. Sogar Fritz selbst beklagte, dass es in diesen Tagen kaum noch möglich wäre, ein Geschäft zu führen.

Manchmal sprach er sogar davon, rüber nach Altona zu ziehen und neu anzufangen. Doch Josephine wollte davon nichts hören. Nicht von Fritz und schon gar nicht von Fiete. Nein, sie würden durchhalten, komme, was wolle!

Kleinlaut sah Fiete sie an. „Ich wollte doch nur …"

Obwohl er die Stimme gesenkt hatte, dröhnte sie Josephine noch immer in den Ohren. „Ihr habt es schon so schwer, da dachte ich …"

„Ich weiß doch, Fiete." Sie lächelte versöhnlich und strich sich ihre Haare aus dem Gesicht. Unter Fietes noch immer leicht missbilligendem Blick drückte sie Mathilde und Hermann die beiden Rundstücke in die Hände. „Bitte schön, ihr zwei. Lasst sie euch schmecken."

Mathilde nickte ihr dankend zu und zog Hermann schnell aus dem Geschäft hinaus.

Fiete sah ihnen kopfschüttelnd hinterher. „Dass die beiden hier so oft aufkreuzen und euch eure knappen Waren abluchsen ... In diesen Zeiten! Du meinst es ja nur gut, aber wegen dieser Bälger werdet ihr noch ..."

„Lass mich raten", unterbrach Josephine ihn, bevor er schon wieder in Schwarzmalerei verfallen konnte. „Du klingst, als könntest du möglicherweise selbst ein Rundstück vertragen?" Sie zwinkerte.

Jetzt schmunzelte Fiete. „Das kann ich doch immer!" Er klopfte sich auf den mittlerweile kaum noch vorhandenen Bauch.

Dann rief er gut gelaunt: „Vier Stück, bitte!" Während Josephine ihm die letzten Brötchen einpackte, erklang eine weinerliche Stimme in ihrem Rücken.

„O nein, o nein, o nein."

Josephine sah über ihre Schulter und erkannte die wässrigen, tieftraurigen Augen von Jette, die durch

das offene Fenster hereinschaute. „O guter Gott, alle Rundstücke fort! Bin ich schon wieder zu spät? O Herr Jesus Christus, womit habe ich das verdient? Wenn das so weitergeht, müsst ihr bald schließen. Gott helfe euch durchzuhalten! Wenn es Thielemanns Backhus nicht mehr gibt, dann geht auch bald die ganze Stadt vor die Hunde, das sage ich euch!"

Josephine hatte die alte Frau noch nie mit trockenen Augen gesehen. Ihr Kinn zitterte, während sie nach Geduldzetteln fragte, und wenn es keine gab, zeterte und schluchzte sie laut über die Grausamkeit dieser Welt. Heute sah sie ganz besonders unglücklich aus. Stark gebeugt schlurfte sie herein.

„O wie schrecklich müssen wir leiden. Und alles nur wegen der Franzosen, habe ich recht? Diese schrecklichen Franzosen!"

„Heute waren's nicht die Franzosen, Jette, sondern Fiete", warf Josephine betont munter ein.

„Da hat sie recht, unsere Josephine", gab Fiete zu und verzog zerknirscht das Gesicht. Die beiden „Lümmel" hatte er offenbar bereits vergessen. „Ich habe die letzten Brötchen genommen ... Ach, weißt du was? Wir teilen!"

Gerührt sah Josephine dabei zu, wie Fiete Jette zwei Rundstücke schenkte. Die begann sofort, vor Dankbarkeit noch lauter zu weinen, und Fiete winkte in so großen Gesten ab, dass er dabei glatt gegen ein Wandregal stieß und es ins Wanken brachte.

Josephine seufzte. „Fiete, es ist immer wieder eine Freude zu sehen, was für eine liebe Seele sich hinter deiner lauten Stimme versteckt."

Überrascht sah er sie an, dann lachte er. „Das Kompliment kann ich nur zurückgeben, Josephine. Loses Mundwerk, aber gutes Herz!"

Als der laute Fiete und die weinende Jette gegangen waren, holte Josephine die Zimtstange wieder hervor und lehnte sich an den Tresen, der an der Vorderseite über zahlreiche kleine Schubladen verfügte. Zog man an den goldrot bemalten Rundgriffen, fand man darin normalerweise Pfeffernüsse, Konfekt und Geduldzettel.

Doch es war schon viele Monate her, dass sie tatsächlich mit kleinen Köstlichkeiten gefüllt gewesen waren. Wer jetzt einen Blick hineinwarf, fand nur noch Krümel vergangener Zeiten. Gleiches galt für die schmale, hohe Glasvitrine mit geschwungenen Füßchen aus rotbraunem Holz, die gegenüber dem Tresen stand. In ihr hatte Fritz einst bunte Fruchtküchlein, prächtige Birnenmustorten oder saftige Pflaumenkuchen präsentiert. Woher sollten er und Josephine auch Sahne und Butter nehmen? Woher genügend Zucker, den sie so dringend für feineres Gebäck bräuchten? Sie waren froh, wenn sie genug Mehl und Hefe hatten, um Brot zu backen.

Nachdenklich betrachtete sie die Zimtstange in ihren Händen, die ihr die Nachbarin zugesteckt hatte. Über dieses unverhoffte Geschenk war Josephine so verdutzt gewesen, dass sie den Moment verpasste, um nach dessen Grund oder Herkunft zu fragen. Nun betrachtete Josephine die Stange von allen Seiten, hob sie an die Nase, schloss die Augen, atmete ein – und mit einem Mal verschwand die kleine Bäckerei mit den leeren Schubladen und Holzregalen aus ihren Gedanken. Sogar die kühle Novemberluft löste sich auf, und mit ihr der Regen, die Traurigkeit und das furchtbare Gerede vom Ende der Bäckerei. Anstelle von alldem nahm sie nur noch diesen ganz besonderen Geruch wahr: schwer, süßlich und verheißungsvoll, nach Ferne und Heimat zugleich, nach Abenteuer und Geborgenheit. Zwar mochte sie nie zuvor eine Zimtstange gesehen haben, doch auf einen Schlag wurde ihr bewusst, dass sie diesen unverwechselbaren Duft bereits kannte. Er kitzelte warm ihre Nase und entfaltete vor ihrem inneren Auge das Bild ihrer Mutter: ihre schwarzen, hoch aufgetürmten Locken, die vollen Wangen, das leicht vorgewölbte Kinn, das Josephine von ihr geerbt hatte. Sie lächelte Josephine an, warm und herzlich, streckte einen Arm nach ihr aus, und plötzlich wusste Josephine wieder, wie sich ihre Hände angefühlt hatten: weich, ruhig und sicher. Sie erinnerte sich an die kurzen Nägel, die schmalen Knöchel und den leicht gekrümmten Ringfinger.

„Na komm schon", hörte sie Carolines Stimme flüstern, wie früher. „Du brauchst keine Angst zu haben."

Rebekka Eder

Zimt-Rezepte
Kleingebäck

Zimtsterne

- 2 Eiweiß
- 200 g Puderzucker
- 100 g gemahlene Mandeln
- 200 g gemahlene Nüsse
- 1 TL Zimt
- 1 Spritzer Zitronensaft

1. Eiweiß und Puderzucker zu einer steifen Eiweiß-glasur schlagen. 1/3 davon zur Seite stellen.
2. Den Rest mit den anderen Zutaten (aber nur 100 g Nüsse) vermengen. Nicht mit dem Schneebe-sen, sondern mit dem Löffel verrühren.
3. Zum Schluss den Teig kurz durchkneten, auf den restlichen gemahlenen Nüssen etwa 8–10 mm dick ausrollen und Sterne ausstechen.
4. Die Sterne auf ein mit Backpapier ausgelegtes Backblech setzen und mit der Eiweißglasur be-streichen.
5. Im vorgeheizten Ofen bei 150 °C ca. 10–12 Mi-nuten backen. Nach 8 Minuten den Ofen einen kleinen Spalt für die restliche Backzeit öffnen.

Zimtschnecken

- 60 g weiche Butter
- 50 g Frischkäse
- 140 g Zucker
- 1 Pck. Vanillinzucker
- 1 Eigelb
- 180 g Mehl
- 1 Messerspitze Backpulver
- 2 EL flüssige Butter
- 2 TL Zimt

1. Für den Teig die weiche Butter mit dem Frischkäse in einer Schüssel verrühren.
2. 80 g Zucker, Vanillinzucker und Eigelb unterrühren.
3. Mehl und Backpulver mischen, über die Masse sieben und unterrühren.
4. Den Teig zwischen zwei Lagen Frischhaltefolie zum Rechteck (ca. 20 x 30 cm) ausrollen. Die obere Folie abziehen.
5. Den Teig mit zerlassener Butter bestreichen. Den Restzucker mit dem Zimt in einer kleinen Schüssel mischen.
6. 1 EL Zimtzucker auf einem großen Teller aufheben, mit dem Rest den Teig bestreuen.
7. Das Teigrechteck mit Hilfe der Folie von der schmalen Seite her aufrollen, die Teigrolle im restlichen Zimtzucker wälzen, fest in die Folie wickeln und 3 Stunden kühl stellen.
8. Die Teigrolle auswickeln, in ca. ½ cm dicke Scheiben schneiden und diese auf ein mit Backpapier ausgelegtes Backblech legen.
9. Die Zimtschnecken im vorgeheizten Ofen auf der mittleren Schiene 12 Minuten bei 180 °C hell backen.
10. Die Plätzchen herausnehmen und auf einem Kuchengitter abkühlen lassen.

Aachener Printen

- 500 g Zuckerrübensirup
- 3 EL Wasser
- 5 g Pottasche
- 150 g Kandiszucker
- 100 g Zucker
- 600 g Mehl
- 50 g Orangeat
- 1 Prise Piment
- 3 gehäufte TL Anis
- 2 TL Koriander
- 2 gehäufte TL Zimt
- je 1 Prise Piment, Kardamom, Muskat, Natron

1. Sirup mit Wasser erhitzen.
2. Pottasche in wenig Wasser auflösen.
3. Kandiszucker mit den übrigen Zutaten vorsichtig und unter ständigem Rühren zum Sirup geben.
4. Teig gut kneten und über Nacht stehen lassen.
5. Teig etwa 3 mm dick ausrollen und in Rechtecke schneiden.
6. Teigstücke auf ein mit Backpapier ausgelegtes Backblech legen und im vorgeheizten Ofen etwa 15 Minuten bei 200−220 °C backen.

Tipp: In Blechdosen aufbewahrt behalten die Printen länger ihren Geschmack.

Zimt-Haferplätzchen

- 2 Eiweiß
- 125 g Puderzucker
- 1–2 TL Zimt
- 150 g zarte Haferflocken
- 60 g weiche Butter

1. Eiweiß mit gesiebtem Puderzucker schaumig schlagen.
2. Zimt, Haferflocken und Butter unterrühren.
3. Ein Backblech leicht einfetten, mit Haferflocken bestreuen und mittels zweier Teelöffel kleine Häufchen Teig auf das Blech setzen.
4. Im vorgeheizten Ofen bei 160 °C 20 Minuten backen.
5. Nach dem Backen noch etwa 10 Minuten auf dem Blech ruhen lassen.
6. Die Plätzchen dann zum Abkühlen auf ein Kuchengitter legen.

Zimtleckerli

- 2 Eiweiß
- 250 g gemahlene Mandeln
- 250 g Zucker
- 15 g Zimt
- 2 EL Wasser
- Mehl nach Bedarf

1. Eiweiß steif schlagen, mit den Mandeln, dem Zucker, Zimt und Wasser vermengen.
2. So viel Mehl zum Teig geben, dass die Masse fest wird und ausgerollt werden kann.
3. Den Teig in schmale Rechtecke schneiden oder Förmchen ausstechen und auf ein mit Backpapier ausgelegtes Backblech geben.
4. Im vorgeheizten Ofen bei 180 °C 10–15 Minuten backen.

Wiener Zimtringerl

- 300 g Mehl
- 300 g Butter
- 2 Eigelb
- 140 g Zucker
- 140 g geriebene Mandeln
- 2 TL Zimt
- Abrieb 1 unbehandelten Zitrone
- Zimtzucker: 200 g Zucker und 4 TL Zimt

1. Mehl auf die Arbeitsfläche sieben.
2. Butter würfeln, mit Eigelb, Zucker, Mandeln, Zimt und Zitronenabrieb auf dem Mehl verteilen und zu einem glatten Teig verkneten.
3. Die Teigmasse zu einer Kugel formen, in Folie wickeln und mindestens 30 Minuten kaltstellen.
4. Aus dem Teig dünne Rollen formen, kleine Stücke abschneiden, zu dünnen Strängen rollen und zu Ringen formen.
5. Mit Abstand zueinander auf ein mit Backpapier ausgelegtes Blech legen. Im vorgeheizten Backofen bei 180 °C etwa 10–15 Minuten backen.
6. Die noch heißen Ringerl vorsichtig im Zimtzucker wenden und auf einem Gitter abkühlen lassen.

Stollen-Muffins

- 100 g getrocknete Datteln (ohne Stein)
- 100 g getrocknete Feigen
- 1 Prise Salz
- 150 g Zucker
- 200 g weiche Butter
- 3 Eier
- 250 g Weizenmehl
- 2 TL Backpulver
- 1 TL Zimt
- 2 TL Christstollengewürz
- 100 ml Milch
- 100 g Rosinen
- 100 g gestiftelte Mandeln
- Puderzucker zum Bestäuben

1. Feigen und Datteln grob würfeln.
2. Salz, Zucker und Butter cremig rühren.
3. Die Eier unterrühren.
4. Mehl mit Backpulver und den Gewürzen mischen und unter die Ei-Zucker-Mischung im Wechsel mit der Milch unterrühren.
5. Rosinen, Mandeln, Feigen- und Dattelwürfel unterheben.

6. Ein Muffinblech mit 12 Papierförmchen auslegen und den Teig einfüllen.
7. Die Muffins im vorgeheizten Ofen bei 175 °C 25–30 Minuten backen und abkühlen lassen.
8. Mit Puderzucker bestäuben.

Spekulatius

- 250 g Butter
- 300 g Zucker
- 2 Eier
- ½ TL Zimt
- 1 Messerspitze gemahlene Nelken
- 1 Messerspitze gemahlener Kardamom
- 1 Prise Salz
- 500 g Mehl

1. Butter und Zucker schaumig rühren.
2. Die Eier zugeben und cremig schlagen.
3. Alle anderen Zutaten einarbeiten, dabei vom Mehl nur etwa 400 g nehmen, um einen festen Knetteig zu erhalten. Den Rest des Mehls zum Ausrollen sowie zum Bestäuben des Models und des Backblechs verwenden. Den Teig über Nacht ruhen lassen.
4. Model oder Backmatte mit Mehl einstäuben, Teig in die Vertiefung pressen und den überstehenden Rest mit einem Messer abschaben. (Alternativ: Teig ausrollen und Plätzchen ausstechen.)
5. Die Plätzchen aus der Form schlagen, auf ein Backblech legen und im vorgeheizten Backofen bei 200 °C etwa 10 Minuten backen.

Nussige Bananenkekse

- 100 g Mandeln
- 100 g Haselnüsse
- 200 g Weizenvollkornmehl
- 100 g zarte Haferflocken
- 2 reife Bananen
- 120 ml flüssiger Honig
- Mark von 1 Vanilleschote
- 2 TL Zimt
- 1 Messerspitze Meersalz
- 200 ml Sonnenblumenöl

1. Jeweils die Hälfte der Mandeln und der Haselnüsse fein mahlen, den Rest etwas körniger belassen.
2. Alles mit dem Mehl und den Haferflocken in einer Schüssel mischen.
3. Bananen mit dem Honig pürieren und zur Mehlmischung geben.
4. Vanillemark, Zimt, Salz und Öl einrühren.
5. Aus dem Teig kleine Häufchen formen und auf ein mit Backpapier ausgelegtes Backblech setzen. Ergibt ca. 40 Stück.
6. Die Kekse im vorgeheizten Ofen bei 180 °C 10 Minuten backen. Anschließend abkühlen lassen.

Apfel-Zimt-Waffeln

- 2 kleine Äpfel (ca. 265 g)
- 270 g Dinkelmehl
- 2 ½ TL Backpulver
- 1 TL Natron
- 1 ½ TL Zimt
- 1 Prise Salz
- 75 g gemahlene Mandeln
- 360 ml Haferdrink ohne Zuckerzusatz
- 6 EL Ahornsirup
- 1 ½ TL Apfelessig
- Puderzucker
- Schokocreme
- Öl (zum Einölen des Waffeleisens)

1. Die Äpfel waschen, schälen, vierteln und das Kerngehäuse entfernen.
2. Das Fruchtfleisch fein raspeln.
3. Mehl mit Backpulver, Natron, Zimt, Salz und Mandeln mischen.
4. Den Haferdrink mit Ahornsirup und Apfelessig verrühren.

5. Die Zutaten schnell zu einem geschmeidigen Teig verrühren und für etwa 20 Minuten im Kühlschrank quellen lassen.
6. Das Waffeleisen vorheizen und einölen. Pro Waffel etwa 2 El Teig mittig auf der Backfläche verteilen und mit geschlossenem Deckel knusprig backen. Ergibt ca. 12 kleine Waffeln.

Tipp: Zum Servieren die Waffeln mit Puderzucker bestäuben und/oder mit Schokocreme beträufeln.

Einfache Nürnberger Lebkuchen

- 4 Eier
- 250 g Zucker
- je 50 g Zitronat und Orangeat
- 100 g geschälte, gehobelte Mandeln
- 2 TL Zimt
- 1 TL Kardamom
- je eine Messerspitze Nelkenpulver, Muskatblüte
- Hirschhornsalz
- 1 EL kalte Milch
- 250 g Mehl
- runde Oblaten
- Zuckerguss: 100 g Puderzucker und 1 EL Wasser

1. Eier mit Zucker schaumig rühren. Zitronat, Orangeat, Mandeln und Gewürze hinzufügen.
2. Hirschhornsalz in Milch auflösen, daruntermischen und am Schluss das Mehl zugeben.
3. Die Masse auf runde Oblaten von etwa 6 cm Durchmesser verteilen.

4. Über Nacht gehen lassen.
5. Am nächsten Tag etwa 30 Minuten bei 180 °C backen.
6. Mit dem Zuckerguss bestreichen, solange die Lebkuchen noch warm sind.

Basler Leckerli

- 500 g flüssiger Honig
- 250 g Zucker
- 2 EL Zimt
- 1 Prise Nelkenpulver
- etwas geriebene Muskatnuss
- 125 g Mandeln
- 125 g Haselnüsse
- 100 g Orangeat
- 100 g Zitronat
- 700 g Mehl
- 15 g Pottasche
- 4 cl Kirschwasser
- für die Glasur: 150 g Zucker, 100 ml Wasser

1. Honig mit Zucker in einem Topf erwärmen und mit Zimt, Nelken- und Muskatnusspulver aufkochen.
2. Mandeln und Haselnüsse grob hacken.
3. Orangeat und Zitronat mit den Nüssen in die Honigmischung geben und das Ganze abkühlen lassen.

4. Etwa 2/3 des Mehls, die Pottasche und das Kirschwasser zugeben. Das Mehl dabei durch ein Sieb schütten.
5. Das restliche Mehl auf ein Brett sieben, die Teigmasse auf das Mehl geben und schnell zusammenkneten.
6. Die Teigmenge auf zwei Backblechen ausrollen.
7. Über Nacht ruhen lassen.
8. Im vorgeheizten Backofen bei 175 °C etwa 15–20 Minuten backen.
9. Das Gebäck vom Blech nehmen und die rechteckigen Leckerli mit einem spitzen Messer ein- aber nicht durchschneiden.
10. Aus Wasser und Zucker die Glasur kochen und die Leckerli damit bestreichen. Erst danach komplett auseinanderschneiden und trocknen lassen.

Zimt-Rezepte

Kuchen

Apfelkuchen

- 4 Eier
- 200 g Zucker
- 200 g Butter
- 300 g Mehl
- 1 TL Backpulver
- 1 TL Zimt
- 1 TL Kardamom
- 1 TL gemahlener Ingwer
- 1 ½ kg säuerliche Äpfel, z. B. Boskop
- 1 kl. Glas Aprikosenmarmelade
- 2 cl Weinbrand

1. Aus Eiern, Zucker, geschmolzener Butter, Mehl, Backpulver und Gewürzen einen weichen Teig rühren und diesen auf ein gefettetes Backblech streichen.
2. Die Äpfel schälen, das Kerngehäuse entfernen und die Äpfel in ½ cm dicke Streifen oder Stücke schneiden.
3. Die Apfelscheiben dicht nebeneinander auf den Teig legen.
4. Den Kuchen etwa 30 Minuten bei 200 °C backen.
5. In der Zwischenzeit die Aprikosenmarmelade mit dem Weinbrand verrühren und die Masse über den gebackenen, noch warmen Kuchen streichen.

Tipp: Dazu kann man Ingwersahne servieren: geschlagene Sahne mit Vanillinzucker und frisch geriebenem Ingwer oder Ingwerpulver.

Linzer Torte

- 150 g Butter
- 250 g Zucker
- 150 g gemahlene Haselnüsse
- 300 g Mehl
- 1 TL Backpulver
- 2 EL Kakao
- ½ TL Zimt
- 1 Messerspitze Nelkenpulver
- 1 Bio-Zitronenabrieb
- 4 cl Kirschwasser
- 1 Ei
- 2–3 EL Milch

Zum Bestreichen:
- 5–6 EL rote Johannisbeer- oder Preiselbeermarmelade
- 1 Eigelb
- 1 Esslöffel Milch

1. Butter mit Zucker verrühren.
2. Nüsse, mit Backpulver gesiebtes Mehl, Kakao, Gewürze, Kirschwasser, Ei und Milch einrühren.
3. Eine Stunde kaltstellen.

4. Etwa ⅔ des Teigs ausrollen und eine Tortenform damit auslegen.
5. Mit Marmelade bestreichen, den restlichen Teig ausrollen und in Streifen schneiden.
6. Die Streifen gitterförmig auf den Kuchen legen und mit Eigelb (mit Milch verrührt) bestreichen.
7. Bei 175 °C etwa 60 Minuten backen.

Gewürzkuchen

- 250 g Butter
- 250 g brauner Zucker
- 8 Eier
- 125 g gemahlene Walnüsse
- 250 g gemahlene Mandeln
- 100 g geriebene dunkle Schokolade
- je 50 g Zitronat und Orangeat
- Abrieb von 2–3 unbehandelten Zitronen
- 1 TL Zimt
- je ½ TL Ingwerpulver und gemahlener Nelkenpfeffer
- 125 g Rosinen
- 150 g Mehl
- 3–4 EL Rum
- 3–4 EL kalter Bohnenkaffee (Mokka)
- ½ TL Backpulver
- 150 g geriebener Zwieback
- Glasur: 250 g Puderzucker, Rum, etwas Kaffeepulver oder Kakao

1. Butter mit Zucker und Eigelb schaumig rühren.
2. Nachdem der Zucker sich ganz aufgelöst hat, Nüsse, Mandeln, Schokolade, Zitronat und Orangeat, Zitronenabrieb und Gewürze dazugeben.
3. Rosinen waschen und trockentupfen, in Mehl wälzen und zugeben.
4. Die Flüssigkeiten einarbeiten.
5. Mehl, Backpulver und Zwiebackbrösel auf den Teig häufen, darüber das zu steifem Schnee geschlagene Eiweiß geben und alles locker unterheben.
6. Eine Napfkuchenform mit Fett ausstreichen und bemehlen. Den Teig hineingeben und darauf achten, dass die Form nur zu ¾ gefüllt ist.
7. Bei 180 °C etwa 45 Minuten backen.
8. Den Guss zubereiten und auf den abgekühlten Kuchen streichen.
9. 2–3 Tage ziehen lassen.

Honigkuchen

- 250 g Honig
- 125 g brauner Zucker
- 100 g Butter
- etwas Wasser
- 500 g Mehl
- 1 Pck. Backpulver (oder Pottasche)
- je 1 TL Zimt, Ingwer, Kardamom, geriebene Muskatnuss
- 100 g gemahlene Mandeln
- 2 Eier
- 1 Prise Salz

1. Honig, Zucker und Butter mit etwas Wasser in einem Topf erhitzen und wieder auskühlen lassen.
2. Das Mehl mit dem Backpulver, den Gewürzen und den Mandeln mischen, in eine Schüssel geben und mit der Honigmasse und den Eiern verrühren.
3. Den Teig mit Salz abschmecken.
4. In eine mit Butter ausgestrichene Kastenform füllen und bei 180 °C etwa 75 Minuten auf der unteren Schiene des Backofens backen.

Zimt-Rezepte

Bratapfel

Der Bratapfel

Kinder, kommt und ratet,
was im Ofen bratet!
Hört, wie's knallt und zischt.
Bald wird er aufgetischt,
der Zipfel, der Zapfel,
der Kipfel, der Kapfel,
der gelbrote Apfel.

Kinder, lauft schneller,
holt einen Teller,
holt eine Gabel!
Sperrt auf den Schnabel
für den Zipfel, den Zapfel,
den Kipfel, den Kapfel,
den goldbraunen Apfel!

Sie pusten und prusten,
sie gucken und schlucken,
sie schnalzen und schmecken,
sie lecken und schlecken
den Zipfel, den Zapfel,
den Kipfel, den Kapfel,
den knusprigen Apfel.

Aus Bayern

Bratapfel

- 50 g Mandelblättchen
- 4 säuerliche Äpfel (z. B. Boskop)
- 50 g Butter
- 3 EL Zucker
- ½ TL Zimt
- 80 g Marzipanrohmasse
- 150 ml Orangensaft
- 1 EL Zitronensaft
- 1 EL Zucker
- 4 Kugeln Vanilleeis

1. Mandelblättchen in einer Pfanne ohne Fett unter Rühren goldbraun rösten, auf einen Teller geben und abkühlen lassen.
2. Äpfel waschen, die Deckel abschneiden, Kerngehäuse ausstechen und in eine Auflaufform setzen.
3. Butter, Zucker und Zimt verrühren. Abgekühlte Mandelblättchen unterrühren. In jede Apfelöffnung Marzipanrohmasse drücken. Mandelbutter darauf verteilen.

4. Orangensaft, Zitronensaft und Zucker aufkochen. Über die Äpfel in die Form gießen.
5. In der Ofenmitte bei 180 °C 35 Minuten backen. Nach 25 Minuten die Deckel draufsetzen und mitbacken.
6. Schließlich die Äpfel mit dem Sud aus der Form auf vier Tellern anrichten und mit je einer Kugel Vanilleeis servieren.

Bratapfel-Cupcakes

- 4 säuerliche Äpfel
- 100 g Butter
- 100 g Zucker
- 2 Eier
- 100 ml Milch
- 150 g Mehl
- 1 TL Backpulver
- 2 EL Rosinen
- 2 TL Zimt
- 200 ml Schlagsahne
- 1 Pck. Vanillinzucker
- ½ TL Zimt

1. Den Backofen auf 180 °C vorheizen.
2. Ein Muffinblech mit 12 Papierförmchen ausle-gen.
3. Die Äpfel schälen und in kleine Würfel schnei-den.
4. In einer Schüssel Butter und Zucker schaumig schlagen.
5. Nacheinander Ei und Milch zugeben.
6. Mehl und Backpulver mischen und dem Teig hinzufügen.

7. Zum Schluss Äpfel, Rosinen und Zimt unterrühren.
8. Den Teig in die Förmchen füllen und 25 Minuten im Ofen backen.
9. Muffins herausnehmen und abkühlen lassen.
10. Schlagsahne mit Vanillinzucker und Zimt aufschlagen und in einen Spritzbeutel mit Lochtülle füllen und die Cupcakes verzieren.

Tipp: Zur Dekoration können auch getrocknete Apfelscheiben verwendet werden. Die Cupcakes lassen sich im Weckglas wunderbar verschenken.

Zimt-Rezepte

Getränke

Weihnachtspunsch

- 1 l Tee oder kochendes Wasser
- 250 g Zucker
- ½ l Orangen- und Zitronensaft
- 8 Gewürznelken
- Abrieb 1 unbehandelten Zitrone
- 1 Zimtstange
- 2 l Rotwein
- ¼ l Rum

1. Den frisch gebrühten Tee über den Zucker im Punschtopf gießen.
2. Orangen- und Zitronensaft, Gewürznelken, Zitronenabrieb und Zimtstange hinzufügen.
3. So lange rühren, bis der Zucker sich aufgelöst hat, dann Rotwein dazugeben und vorsichtig erhitzen (nicht kochen!).
4. Den Rum in einem eigenen Gefäß erwärmen und in den Punschtopf gießen, abseihen und in vorgewärmte Gläser füllen.

Gewürzkaffee

- ¾ l frisch aufgebrühter Kaffee
- 3 EL Zucker
- 5 Nelken
- 1 Zimtstange
- 8 cl Weinbrand
- 125 ml Schlagsahne
- unbehandelte Orangenschale

1. Zucker im Kaffee verrühren. Nelken und Zimt zugeben und etwa 3 Minuten zugedeckt ziehen lassen.
2. In 4 vorgewärmte Tassen jeweils 2 cl Weinbrand geben und mit dem durchgesiebten Kaffee auffüllen.
3. Auf jede Portion einen gehäuften Esslöffel steif geschlagene Sahne geben. Orangenschalen in feine Streifen schneiden und als Garnierung auf die Sahne legen.

Indischer Gewürztee

- 1 TL Zimt
- ½ TL gemahlener Kardamom
- 4 Gewürznelken
- 1 Prise Muskatnuss
- 250 ml Wasser
- 1 EL schwarzer Tee
- 10 g geriebener Ingwer
- 250 ml Milch
- 1–2 EL Zucker

1. Alle Gewürze (bis auf den Ingwer) in einem kleinen Topf mischen, mit dem Wasser bedecken und zum Kochen bringen.
2. Eine Minute köcheln lassen, schwarzen Tee und geriebenen Ingwer hinzufügen.
3. Noch eine Minute köcheln lassen.
4. Dann die Milch und den Zucker hinzufügen.
5. Die Hitze reduzieren und eine weitere Minute köcheln lassen.
6. Den Tee in Teetassen gießen und warm genießen.

Zimt-Rezepte

Bunte Ideen

Indisches Apfelmus

- Abrieb von 1 unbehandelten Zitrone
- 1 Orange
- 500 g säuerliche Äpfel (z. B. Boskop, Glockenapfel)
- 1 Prise gemahlener Kardamom
- 1 Stange Zimt

1. Von der Zitrone die Schale abreiben.
2. Zitrone und Orange auspressen.
3. Äpfel schälen, das Kerngehäuse entfernen und Fruchtfleisch klein schneiden.
4. Apfelstücke in einen Topf geben. Zitronenschale, Fruchtsaft und Gewürze zugeben und etwa 10 Minuten lang zu einem Mus verkochen.

Tipp: Das Apfelmus ist warm wie kalt verzehrbar. Es tut dem Darm gut bei Durchfall oder Entzündungen.

Gewürzhonig gegen Erkältungen

- 2 dünne Scheiben frischer Ingwer
- 1 Messerspitze frisch gemahlener Pfeffer
- 1 Messerspitze frisch gemahlener Zimt
- 1 EL flüssiger Honig

1. Ingwerscheiben schälen und in sehr kleine Stückchen zerteilen.
2. Die Gewürze mit einer Gabel mit dem Honig vermischen.
3. Von dem Gewürzhonig mehrmals täglich eine kleine Menge in den Mund nehmen und langsam zergehen lassen.

Tipp: Gewürzhonig lindert Husten, Heiserkeit und Halsschmerzen. Er ist wohltuend für den Hals und hilft, Krankheitserreger zu vernichten. Alle Zutaten wirken stark antibakteriell und antiviral.

Gebrannte Mandeln

- 200 g Mandeln
- 200 g Zucker
- 1 Pck. Vanillinzucker
- 1 Tasse Wasser
- etwas Zimt

1. Alle Zutaten in eine große Pfanne geben und zum Kochen bringen.
2. Ständig rühren, bis sich der der Zucker um die Mandeln gelegt hat und sie Krachgeräusche von sich geben.
3. Auf einem mit Backpapier ausgelegten Blech verteilen (Achtung: heiß!) und erkalten lassen.

Tipp: Mandeln über mehrere Tage auf dem Blech aushärten lassen. Zu früh verpackt, werden sie weich.

Hildegard-Nervenkekse

- 1 kg Dinkelmehl
- ½ kg Butter
- 30 g Zucker
- 4 Eier
- 45 g geriebene Muskatnuss
- 45 g frisch gemahlener Zimt
- 10 g gemahlene Gewürznelken

1. Die Zutaten zu einem Teig verkneten.
2. Den Teig dünn ausrollen.
3. Kekse ausstechen oder ausschneiden und auf ein mit Backpapier ausgelegtes Backblech legen.
4. Bei etwa 200 °C 10–15 Minuten im Ofen backen.

Die heilige Hildegard schreibt zu diesem Rezept: „Iss sie oft, und alle Bitternis deines Herzens und deiner Gedanken weitet sich, dein Denken wird froh, deine Sinne werden rein, alle schadhaften Säfte in dir minderer, es gibt guten Saft in deinem Blut und macht dich stark."

Winter-Salatessig

- ½ l Weißwein- oder Rotweinessig
- 10 bunte Pfefferkörner
- 1 TL gemahlener Ingwer
- 10 Pimentkörner
- 8 Gewürznelken
- ½ Zimtstange
- 5 Sternanisfrüchte
- 3 Scheiben Orangen

1. Alle Zutaten in einen Topf geben und aufkochen.
2. Das Ganze 15 Minuten ziehen lassen und abseihen.
3. Abgekühlt in kleine dekorative Flaschen füllen.

Bildnachweis

S. 5: © stock.adobe.com/anitasstudio; S. 7: © stock.adobe.com/Floydine; S. 9: © stock.adobe.com/Agamtb; S. 12: © stock.adobe.com/joanna wnuk; S. 19: © Oksix/Fotolia; S. 23: © Tatyana Nyshko/Fotolia; S. 24/25: © stock.adobe.com/jd-photodesign; S. 26: © stock.adobe.com/Christian Jung; S. 28, 55: © stock.adobe.com/A_Lein; S. 30/31, 38, 56: © stock.adobe.com/photocrew; S. 32: © stock.adobe.com/jul_photolover; S. 33: © stock.adobe.com/Alexander Raths; S. 34: © stock.adobe.com/sokorevaphoto; S. 37: © stock.adobe.com/Esther Hildebrandt; S. 40: © stock.adobe.com/FomaA; S. 43: © stock.adobe.com/Quade; S. 45: © stock.adobe.com/JanSommer; S. 47: © stock.adobe.com/Only Fabrizio; S. 48/49: © stock.adobe.com/M.studio; S. 50/51: © stock.adobe.com/eflstudioart; S. 53: © stock.adobe.com/superfood; S. 58/59: © stock.adobe.com/defpics; S. 60: © stock.adobe.com/Swetlana Wall; S. 63: © stock.adobe.com/Michael Tewes; S. 65: © stock.adobe.com/Uuganbayar; S. 66/67: © stock.adobe.com/Floydine; S. 68: © Valentyn Volkov/shutterstock.com; S. 69: © stock.adobe.com/vesta48; S. 70: © iuliia_n/shutterstock.com; S. 72/73: © stock.adobe.com/Sonja Birkelbach; S. 74: © stock.adobe.com/inerika; S. 76: © stock.adobe.com/Olesia; S. 77, 78: © stock.adobe.com/womue; S. 79: © stock.adobe.com/Roman Ivaschenko (Essig), © stock.adobe.com/Petra Schueller (Gewürze)

Textnachweis

Rebekka Eder, Der Duft von Zimt, aus: Dies.: Der Duft von Zimt © 2022, Rowohlt Verlag GmbH, Hamburg.

Hansjörg Küster, Zimt, aus: Ders., Kleine Kulturgeschichte der Gewürze. Ein Lexikon von Anis bis Zimt © 2003, Verlag C.H. Beck oHG, München.

Monika Pauderer, Schneestern, Zimtstern, Weihnachtsstern, aus: Dies., Schneestern, Zimtstern, Weihnachtsstern. Geschichten und Gedichte zur Weihnachtszeit © 2018, Turmschreiber Verlag, in der Husum Druck- und Verlagsgesellschaft mbH u. Co. KG, Husum.

Wir danken allen Inhabern von Textrechten für die Abdruckerlaubnis. Der Verlag hat sich darum bemüht, alle Rechteinhaber in Erfahrung zu bringen. Für zusätzliche Hinweise sind wir dankbar.